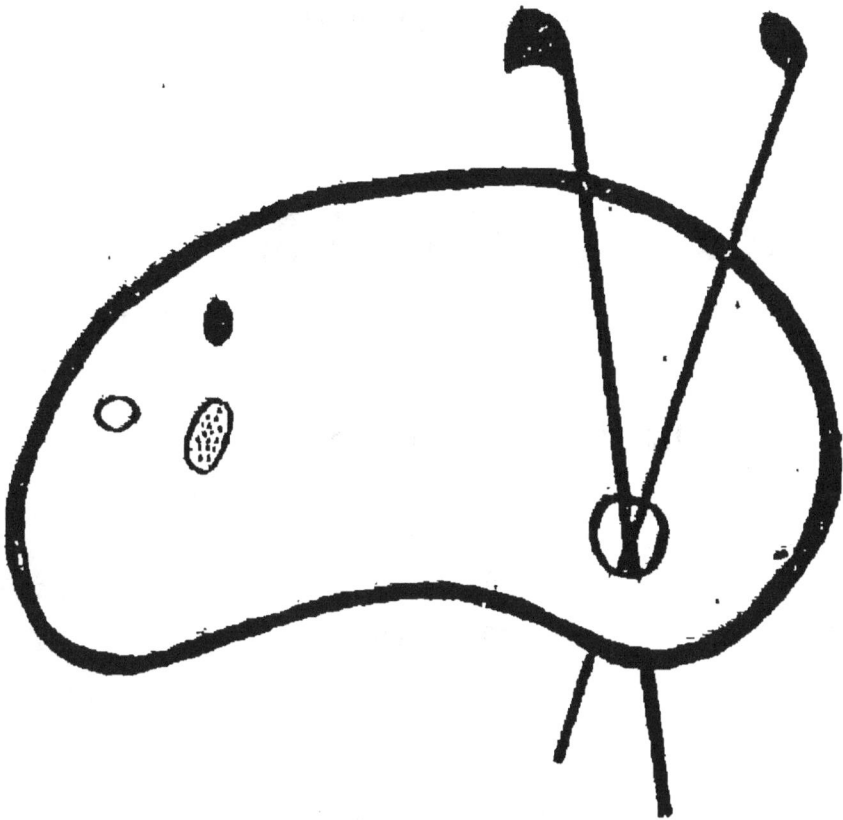

DEBUT D'UNE SERIE DE DOCUMENTS
EN COULEUR

23 Janvier 1858

COLLECTION DE M. LE Bᴼⁿ DE Cᶜᶜᵖ⁺...

TABLEAUX

ET

DESSINS MODERNES

Vente le Samedi 23 Janvier 1858.

Mᵉ **POUCHET**, Commissaire-Priseur.

M. **FRANCIS PETIT**, Expert.

RENOU ET MAULDE
Imp. de la Compagnie des Commissaires
priseurs,
Rue de Rivoli, 144.

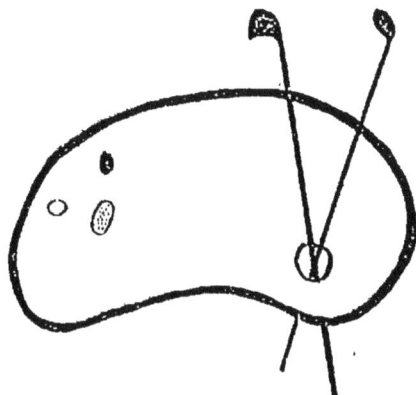

FIN D'UNE SÉRIE DE DOCUMENTS
EN COULEUR

CATALOGUE

DE LA COLLECTION

DE

TABLEAUX

ET

DESSINS MODERNES

DE M. LE Bᵒⁿ DE C***

DONT LA VENTE AURA LIEU

HOTEL DES COMMISSAIRES-PRISEURS

Rue Drouot, n. 5

SALLE Nᵒ 5 AU 1ᵉʳ

LE SAMEDI 23 JANVIER 1858,

A 3 HEURES PRÉCISES.

Par le ministère de Mᵉ **POUCHET**, Commissaire-Priseur,
rue Saint-Honoré, 217, Successeur de M. RIDEL,
Assisté de M. Francis **PETIT**, Expert, Boulevart Poissonnière, 24.

EXPOSITION PUBLIQUE

Le Vendredi 22 Janvier 1858, de midi à 5 heures.

—

1858

CONDITIONS DE LA VENTE.

Elle sera faite expressément au comptant.

Les adjudicataires payeront cinq pour cent en sus de leurs adjudications, applicables aux frais.

DESSINS

COMPTE CALIX

1 — Les Fleuristes.   Dessin rehaussé.   *13*

H. 50 c. L. 40 c.

DECAMPS

2 — Un village d'Italie.   Dessin rehaussé.   *600*

H. 61 c. L. 48 c.

3 — Etude de femme.   Dessin rehaussé.   *1 50*

H. 29 c. L. 19 c.

4 — Ville d'Orient.   Dessin.   *81*

H. 21 c. L. 29 c.

006

— 4 —

DELACROIX (EUGÈNE)

5 — Un Lion.   Aquarelle. *200*

H. 20 c. L. 30 c.

6 — Un Tigre.   Pastel... *150*

H. 15 c. L. 22 c.

ROUSSEAU (TH.)

7 — Paysage.   Dessin rehaussé. — *195*

H. 91 c. L. 68 c.

SCHLÉSINGER

8 — Odalisque.   Dessin, pastel *460*

H. 58 c. L. 48 c.

1871

TABLEAUX

BRASCASSAT

9 — Taureau couché dans une étable.

A été lithographié. — H. 60 c. L. 46 c.

10 — Brebis avec son agneau.

A été lithographié. — H. 60 c. L. 49 c.

11 — Vaches bretonnes.

A été lithographié. — H. 60 c. L. 45 c.

12 — Deux Brebis.

A été lithographié. — H. 60 c. L. 45 c.

13 — Brebis brune.   (Etude).

A été lithographié. — H. 45 c. L. 37 c.

14 — Brebis couchée.   (Etude).

A été lithographié. — H. 30 c. L. 32 c.

BOUCHER (FRANÇOIS)

15 — Portrait de femme.

Forme ovale. H. 70 c. L. 57 c.

BRISSOT

16 — Paysage. Baigneuses.

H. 16 c. L. 80 c.

COUTURIER

17 — L'Intrus.

H. 76 c. L. 87 c.

18 — La Rentrée à l'étable.

H. 76 c. L. 87 c.

19 — Basse-Cour.

H. 55 c. L. 45 c.

COROT

20 — Paysage.

H. 45 c. L. 80 c.

DECAMPS

21 — Gorges d'Ollioules.

H. 24 c. L. 80 c.

DELAROCHE (PAUL)

22 — Mater Dolorosa.

Esquisse.

H. 21 c. L. 16 c.

DE DREUX (ALFRED)

23 — Après la Course.

H. 27 c. L. 40 c.

24 — Groom à cheval.

H. 32 c. L. 40 c.

DIAZ

27 — Jeunes filles pleurant l'amour.

H. 53 c. L. 40 c.

26 — Troncs d'arbres.

H. 34 c. L. 24 c.

25 — Intérieur de forêt.

H. 50 c. L. 39 c.

28 — Bouquet de fleurs.

Forme ovale. H. 16 c. L. 13 c.

DORCY

29 — Jeune fille à sa toilette.

H. 50 c. L. 36 c.

30 — Tête de jeune Fille.

H. 45 c. L. 37 c.

31 — Tête de jeune Fille.

H. 40 c. L. 31 c.

DUPRÉ (JULES)

32 — Fécamp.

H. 84 c. L. 42 c.

FROMENTIN

33 — Cavaliers arabes.

H. 84 c. L. 30 c.

FLERS

34 — Paysage et Animaux.

Forme ovale. H. 23 c. L. 31 c.

HOGUET

35 — Un marché.

H. 28 c. L. 30 c.

36 — Marine.

H. 20 c. L. 30 c.

HOFER (D'APRÈS) COUTURE

37 — La Prière.

Fragment de la chapelle Saint-Eustache.

H. 35 c. L. 27 c.

38 — Les Romains de la décadence.

H. c. L. c.

ISABEY

39 — Marine.

H. 51 c. L. 73 c.

40 — Une Dame anglaise.

H. 19 c. L. 15

MILLET

41 — Nymphe et Faune.

H. 40 c. L. 33 .

ROQUEPLAN

42 — Jeune Femme portant des fleurs.

H. 32 c. L. 24 c.

ROUSSEAU (PH.)

43 — Chien et Chat.

H. 72 c. C. 81 c.

44 — Le Renard et la Cigogne.

H. 80 c. L. 20 c.

45 — Nature morte.

H. c. L. c.

46 — Intérieur de cour avec poules.

H. 26 c. L. 30 c.

ROUSSEAU (PH.)

47 — Chasse aux canards.

H. 16 c. L. 31 c.

48 — Ecureuil.

H. 24 c. L. 32 c.

49 — Le Coq et la Perle.

H. 20 c. L. 13 c.

50 — Faisan.

H. 18 c. L. 16 c.

51 — Un Coq.

H. 33 c. L. 24 c.

SCHEFFER (HENRI)

52 — Heureux ceux qui croient.

H. 83 c. L. 62 c.

53 — Jeune Fille priant.

H. 61 c. L. 50 c.

STEVENS (ALFRED)

54 — Partie de musique.

H. 64 c. L. 53 c.

SAINT JEAN

55 — Oranges et Raisins.

H. 34 c. L. 48 c.

TASSAERT

56 — L'Abandon.

H. 55 c. L. 45 c.

57 — La Famille de l'Aveugle.

H. 46 c. L. 38 c.

TROYON

58 — Vache blanche.

H. 76 c. L. 100 c.

RENOU et MAULDE, imprimeurs de la Compagnie des Commissaires-Priseurs, rue de Rivoli, 144.   7460

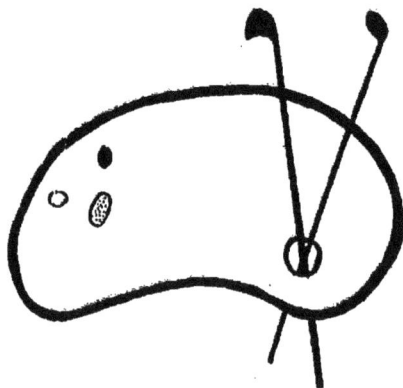

ORIGINAL EN COULEUR
NF Z 43-120-8

www.ingramcontent.com/pod-product-compliance
Lightning Source LLC
Chambersburg PA
CBHW060722280326
41933CB00013B/2529